Made in the USA
Las Vegas, NV
03 July 2023

74190022R00066